# LA FOLLE

## DE GLARIS,

DRAME LYRIQUE EN DEUX ACTES.

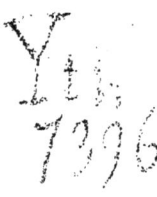

## AUX MÊMES ADRESSES.

ROBIN DES BOIS, opéra-féerie en trois actes, par MM. *Castil-Blaze* et *T. Sauvage*, musique de *C. M. de Weber*, troisième édition.

LES NOCES DE GAMACHE, opéra bouffon en trois actes, par M. *T. Sauvage* et *Dupin*, musique de *Mercadante*.

MARGUERITE D'ANJOU, drame lyrique en trois actes, par M. *T. Sauvage*, musique de *Meyerbeer*.

LE NEVEU DE MONSEIGNEUR, opéra-comique en deux actes, par MM. ... musique de MM. *Rossini* et *Paccini*.

LE PETIT RAMONEUR, drame en trois actes, par M. *T. Sauvage*.

LES TROIS SULTANES, comédie de Favart, mise en un acte et en vaudeville, par MM. ...

L'ÉLIGIBLE, vaudeville, par MM. *T. Sauvage* et *Mazères*.

# LA FOLLE

## DE GLARIS,

## drame lyrique en deux actes,

IMITÉ DE L'ALLEMAND,

**PAR M. T. SAUVAGE,**

MUSIQUE DE MM. CONRADIN KREUTZER ET J. PAYER.

REPRÉSENTÉ POUR LA PREMIÈRE FOIS, A PARIS, SUR LE THÉATRE ROYAL DE L'ODÉON, LE 21 AVRIL 1827.

PRIX : 1 FR. 50.

## PARIS.

**BEZOU, LIBRAIRE,**

SUCCESSEUR DE M. FAGES,

AU MAGASIN DE PIÈCES DE THÉATRE, BOULEVARD S.-MARTIN, N° 29,
VIS-A-VIS LA RUE DE LANCRY.

ET CHEZ BARBA,

ÉDITEUR DE PIÈCES DE THÉATRE,
Palais-Royal, n° 51, derrière le Théatre-Français.

1827.

| PERSONNAGES. | ACTEURS. |
| --- | --- |
| ADÈLE. | M^me^ Schütz. |
| LÉON, officier français, son mari. | M. Lecomte. |
| CLARENCE, leur fille, âgée de six ans. | M^lle^ Adèle. |
| WERNER, vieillard. | M. Leclère. |
| SEPPI, jeune berger. | M. G. Duprez. |
| Soldats. Bergers. Chasseurs. } Chœurs. | |

La scène se passe dans les Alpes, dans le canton et peu loin du bourg de Glaris, en 1804.

Imprimerie de E. DUVERGER, rue de Verneuil, n° 4.

# LA FOLLE
## DE GLARIS,

DRAME LYRIQUE EN DEUX ACTES.

## ACTE PREMIER.

Le théâtre représente un site âpre et désert dans les Alpes suisses ; des précipices, des rochers ; à droite, un châlet ; vers le milieu du théâtre, une touffe d'arbustes ; à gauche, un fragment de rocher.

## SCÈNE PREMIÈRE.

### INTRODUCTION.

( Il fait encore nuit. )

CHASSEURS, BERGERS, hors de la scène.
Mes amis, cherchons encore,
Ne nous décourageons pas ;
La nuit s'éloigne, et l'aurore
Va bientôt guider nos pas.
( Ils entrent par différens côtés. )
Ah ! grace au ciel, nous y voilà !
De nos efforts le terme est là.
( Ils paraissent accablés de fatigue et s'éventent avec leurs chapeaux. )
Mais au loin gronde l'orage...
Je succombe... perds courage.
( On entend le murmure d'une source. )
Une source est près, je gage...
( Les uns aux autres. )
Cherchons, cherchons... ici... non, là...
Qu'on arrache ce feuillage...
( Ils arrachent la touffe d'arbustes, on voit couler l'eau, ils boivent dans leurs chapeaux et dans leurs mains. )
Ah ! plus de triste présage !
Ah ! pour nous quel doux breuvage !

Sois bénie,
O source chérie!
Ah! ta rive n'est pas fleurie,
Mais dans ces lieux sans toi la vie
Au voyageur serait ravie...
Sois bénie!

## SCENE II.

LES PRÉCÉDENS, WERNER, SEPPI, CLARENCE.

(L'enfant est porté par un berger. Werner gravit avec peine les rochers, appuyé sur Seppi.)

SEPPI.

Appuyez-vous sur moi, M. Werner... appuyez ; ne craignez pas de me fatiguer... l'espoir d'être utile, voyez-vous, ça double les forces.

WERNER.

Merci, Seppi, merci... je sais que tu es un brave garçon.

SEPPI.

C'est tout simple, ça, M. Werner, je n'ai jamais entendu que vos conseils, vu que vos exemples... Si nous sommes tous comme ça dans le canton de Glaris, c'est ben grace à vous.

WERNER, regardant les montagnes.

Quel aspect terrible et imposant! c'est donc au milieu de ces rochers, de ces précipices que cette malheureuse femme est venue chercher un asile avec son enfant?

SEPPI.

Eh! mon Dieu, oui!...

WERNER.

Raconte-nous encore toutes les circonstances de son arrivée dans ces montagnes, peut-être nous fourniront-elles quelques renseignemens?

SEPPI.

C'est ben facile, ça... écoutez, je n'oublierai rien : c'était... il y a déjà... oui, ma foi, il y aura quatre jours à ce soir.

### COUPLETS.

De nos pâtres la musette
Laissait en paix les échos,
J'allais gagner ma retraite
Pour me livrer au repos...
Rapide comme l'avalanche,
Une grande figure blanche,
 Avec fureur
 Vers moi s'élance !...
Ah ! quand j'y pense,
Combien j'eus peur !

Cet objet qui m'épouvante
A mes pieds est tout tremblant :
C'est une femme mourante ;
Dans ses bras est un enfant.
Sa raison paraît égarée ;
Au remords son ame est livrée...
 Mais sa douleur
 Double ses charmes...
J'ai vu ses larmes,
Je n'ai plus peur.

Je m'empresse de lui donner tout ce que j'ai de meilleur en fait de pain et de laitage, et puis je la conduis à ce châlet, pour qu'elle y passe la nuit... je reviens drès le lever du soleil... elle était déjà partie, et je ne trouve plus que cette pauvre petite qui pleurait en appelant sa mère.

Las ! depuis, l'infortunée,
Sans asile et sans secours,
Vit errante, abandonnée ;
Seul j'ai veillé sur ses jours.
Quand le désespoir qui l'agite

Dans maint danger la précipite,
　Avec douceur
　Je la rappelle...
　Car c'est pour elle,
　Moi, que j'ai peur.

WERNER.

Excellent cœur !

SEPPI.

Enfin, au bout de trois jours, voyant que je ne pouvais pas parvenir à la rattraper, j'ai pris mon parti, et, la petite fille dans mes bras, je suis descendu à Glaris ; j'ai été trouver M. Werner, l'homme le plus charitable des treize cantons, ben sûr que s'il y avait quelque moyen de sauver cette pauvre femme, il le trouverait et l'emploierait tout de suite... Ça n'a pas manqué... A peine avais-je achevé de lui conter mon aventure, il parcourait déjà les rues, nous rassemblait tous et se mettait à notre tête pour diriger nos recherches.

WERNER.

Espérons que nos soins ne seront pas sans succès et que tu recueilleras le fruit de ton zèle et de ton humanité... Mais quelle cause a pu forcer cette infortunée à se soustraire ainsi aux regards des hommes ?

SEPPI.

Je l'ignore, je n'ai pu tirer d'elle quatre paroles de suite... mais je sais qu'elle a bien peur d'être vue... Aussitôt qu'elle aperçoit seulement l'ombre d'un pâtre ou d'un voyageur, elle se met à courir sur les rochers avec autant d'agilité et de hardiesse que le plus intrépide chasseur de chamois.

WERNER.

Des bergers qui l'ont rencontrée dans les montagnes disent qu'elle s'accuse d'un grand crime.

## SEPPI.

C'est vrai, M. Werner... je ne vous le disais pas de peur de diminuer l'intérêt qu'elle vous inspire...

## WERNER.

Parle... que sais-tu ?

SEPPI, *rassemblant tout le monde autour de lui.*

Moi-même... je l'ai entendu raconter des choses qui font frémir... Si l'on ajoutait foi à ses discours, elle aurait tué son père... (*tous reculent avec effroi.*) Mais, j'en suis sûr, c'est le dérangement de sa raison qui la fait parler ainsi... Lorsqu'elle est tranquille, ses yeux sont si doux... elle a l'air si bon, sa voix est si touchante, qu'on ne peut s'empêcher de la plaindre.

## WERNER.

Mes amis, tâchons de la secourir... le ciel la jugera.

## SEPPI.

C'est ça, M. Werner; le soleil se lève, commençons nos recherches.

(*Ils se disposent à parcourir les montagnes, on entend une cloche qui sonne dans la vallée; ils s'arrêtent.*)

## CHANT.

WERNER, SEPPI, BERGERS, CHASSEURS.

Paix ! paix ! écoutons, mes frères :
C'est la cloche du matin.
Saluons de nos prières
De l'univers l'auteur divin.
Oui, prions tous pour que sa main
Daigne en ce jour nous conduire :
Si son esprit nous inspire,
Notre succès est certain.

(*Ils ôtent leurs chapeaux et se mettent tous à genoux.*)

## PRIÈRE.

O céleste Providence !

De tes enfans
Écoute les accens!
D'une femme en démence
Vois, de grace, la souffrance;
Pour l'arracher au trépas,
Ah! viens diriger nos pas,
O céleste Providence!

(La musique religieuse continue, ils restent agenouillés. Le soleil s'est levé pendant la prière.)

ADÈLE, dans le lointain.

Hélas!
Malheureuse!... un jour de souffrance
Recommence.
J'appelle en vain le trépas,
Hélas!

L'ECHO.

Hélas!

WERNER, SEPPI, CHOEUR.

Entendez-vous?... c'est Adèle!
Sa plainte se renouvelle.
Elle vient... Restons loin d'elle.
Bientôt sa douleur cruelle
S'augmenterait en nous voyant.
Mais à tes yeux, pauvre mère,
Offrons ton enfant:
De ta peine amère
Qu'il calme le tourment!

(Ils placent Clarence sur une partie de rocher élevée et se retirent sous un autre rocher.)

## SCENE III.

CLARENCE, *sur un rocher;* WERNER, SEPPI, LE CHOEUR, *cachés;* ADÈLE.

(Adèle, les cheveux épars, les vêtemens déchirés, les pieds nus, paraît sur la cime du rocher le plus élevé au milieu du fond; ses traits annoncent le désordre de ses sens.)

ADÈLE, regardant avec fureur le soleil levant.

Astre maudit, dont la lumière
Semble insulter à ma misère,

Porte au bonheur
Cette splendeur :
Elle me désespère !

Un songe heureux, dans mon sommeil,
Vient m'offrir l'espérance;
Mais tu parais, et le réveil
Ramène la souffrance.

A ton aspect,
Quand tout renaît,
Moi seule je succombe !
Ah ! mon désir
Est de te fuir
Dans la nuit de la tombe !

( Elle aperçoit l'enfant — se recueille un moment — son délire augmente. )

Ah !... Clarence !... mon enfant !...
(Elle écoute.)
Ma fille !... hélas !... Elle pleure et m'attend.
( Avec tendresse. )
Je vais apaiser ton tourment...
Oui, j'accours à l'instant...
Vers toi j'accours, mon enfant.
( Elle descend en courant les rochers, et disparaît. )

## SCENE IV.

LES MÊMES, *excepté* ADÈLE.

WERNER ; SEPPI et le CHOEUR, *se rapprochant de l'enfant.*

CHOEUR.

Pauvre enfant, bannis l'effroi :
Ta vue a calmé l'orage;
Ne crains rien, reprends courage,
De loin nous veillons sur toi.

(L'enfant fait entendre par signes qu'il n'a pas peur de sa mère — il se couche sur le rocher et feint de dormir. )

CHOEUR.

Paix ! paix ! Adèle s'avance;
Cachons-nous tous en silence !
( Ils s'éloignent. )

## SCENE V.

### ADÈLE, CLARENCE, WERNER, SEPPI,
CHOEUR.

ADÈLE *entrant comme si elle était poursuivie, et parlant à la cantonnade.*
Fuyez, barbares! que personne
Ne m'approche... Léon l'ordonne!
*(S'approchant lentement de l'enfant.)*
Comme elle dort tranquillement!
*(Elle s'assied près de sa fille et la regarde avec amour.)*

### ROMANCE.

Dors en paix, mon cher enfant;
Près de toi je veille en chantant.
En s'ouvrant à la lumière,
Tes yeux chercheront ton père...
*(Elle soupire.)*
Dors encore, ô mon enfant!

Dors! que ton cœur innocent
Ignore le sort qui m'attend!
Las! on viendra te le dire,
Et t'apprendre à me maudire...
*(Avec douleur.)*
Dors encore, ô mon enfant!

*(Sa douleur augmente.)*
Dors! et qu'un songe enchanteur
Te berce d'un espoir flatteur!
Je ne crois plus au bonheur...
Le seul espoir de mon cœur
Est de mourir de douleur...
*(Elle se jette en pleurant sur l'enfant, le couvre de baisers et reste accablée.)*

WERNER, SEPPI et le CHOEUR.
*(S'avançant doucement derrière elle, de manière à l'entourer.)*
Innocente ou coupable,
Ah! du sort qui l'accable
Adoucissons les coups!

## ACTE I, SCÈNE V.

Amis, sans violence,
Nous la prendrons, je pense.
Faisons silence,
Séparons-nous ;
De la prudence :
Éloignez-vous.

(Une partie du chœur se retire vers le châlet.)

ADÈLE, se relevant brusquement.

Hélas ! où m'égare mon cœur !

(Elle regarde sa fille avec attendrissement.)

Tu viens me rappeler ma joie et mon malheur !

AIR :

Pourquoi, pourquoi, mon père,
Vouloir nous désunir ?...
Calme cette colère,
Consens à nous bénir.

Par la honte flétrie,
Ton Adèle chérie
Allait périr, il la sauva ;
Léon parut, il me sauva,
Et dans tes bras me ramena.

Je dois l'honneur
A son courage :
Que son bonheur
Soit ton ouvrage !

Sensible à nos amours,
Vois notre ivresse,
Notre tendresse,
De la vieillesse
Charmer les jours.

Mais non, sa voix sévère
A maudit ses enfans...
Hélas ! mon père,
C'est ta colère
Qui causa tous nos tourmens.

(Au comble du désespoir, à la fin de l'air, elle va s'appuyer contre un arbre et pleure — puis elle regarde sa fille, devient plus calme, et la prenant par la main, se dirige avec elle vers le châlet.)

ADÈLE conduisant lentement sa fille.

Suis ta mère, ma Clarence.
O ma seule espérance!
Viens, apaise ma souffrance.

WERNER, SEPPI, et le chœur suivant de loin Adèle.

Du silence!
De sa fille la présence
Va calmer sa démence.
Sur ses traces, en silence,
Qu'on s'avance.
Du silence!

(Adèle entre dans le châlet; le chœur disparaît avec elle.)

## SCENE VI.

LÉON (*il entre par le côté opposé au châlet.*)

(Il paraît accablé de fatigue; il s'assied sur un fragment de rocher.)

LÉON.

Arrêtons-nous ici... je succombe sous le poids de l'inquiétude et de la fatigue... je n'en puis douter; d'après les récits des pâtres que j'ai rencontrés, la malheureuse Adèle est errante au milieu de ces montagnes.—Ah! voici sans doute le châlet qu'ils m'ont indiqué... c'est cet endroit sauvage qu'elle a choisi pour retraite!.. quel doit être l'égarement de sa raison! l'ame la plus pure, la plus sensible... se croire coupable... poursuivie... obligée de chercher un refuge dans ces horribles déserts!.. puissé-je bientôt l'arracher de ces lieux, où chaque pas peut causer sa mort.

(Il fait quelques pas vers le châlet.)

## SCENE VII.

#### LÉON, WERNER.

WERNER, entrant en scène.

L'abattement a succédé à la fureur... Laissons-lui ce moment de calme.

LEON, s'avançant vers Werner.

La pauvre Adèle serait-elle l'objet de vos soins compatissans?..

WERNER.

Adèle!... oui, c'est le nom qu'elle prononce dans sa douleur.

LEON.

Homme généreux, recevez les remerciemens de son époux.

WERNER.

Vous!... ah, Monsieur! combien vous allez souffrir!... Combien vous êtes à plaindre.

LEON.

Je connais toute l'horreur de ma situation....

WERNER, regardant Léon.

Vous êtes son époux? Mais ce costume m'annonce que vous êtes Français, et c'est dans nos cantons qu'Adèle a, dit-on, reçu le jour.

LEON.

Plût au ciel que le même pays nous eût vu naître! Peut-être aurions-nous trouvé des jours paisibles... De cette différence d'origine sont venus tous nos maux.

WERNER.

Ne craignez pas de m'accorder votre confiance. — Votre sort, celui d'Adèle, m'intéressent vivement...

LEON.

Je puis mettre au jour toute ma vie.. une seule

faiblesse!.. Rassurez-vous ; j'aurais quitté cet habit si j'avais à rougir....

WERNER.

Je vous écoute.

LEON.

Officier dans l'armée française, je me trouvais, il y a six ans, à la bataille de Zurich. Ce combat, vous le savez, fut terrible ; ce ne fut qu'après la plus furieuse résistance que les colonnes russes quittèrent la ville. Echauffées par une victoire qui leur avait coûté si cher, nos troupes se livrèrent à quelques excès. Cependant les officiers parcouraient les rues pour prévenir le désordre ; je remplissais ce devoir lorsque j'entends des cris... j'entre dans une maison... une jeune fille allait devenir la victime de quelques soldats ; ma présence la sauva !... C'était Adèle... je la ramenai chez son père... Mais sa beauté naïve, sa touchante reconnaissance avaient enflammé mon cœur. — Je demandai sa main. — On ne vit en moi qu'un étranger, un ennemi! Il fallait renoncer à mon pays ou à mon amie... Sacrifice également impossible ! Un hymen secret nous unit.

WERNER.

Amans imprudens !

LEON.

Voilà la seule faute dont nous soyons coupables... Que de malheurs l'ont suivie!.. Je rejoignis mes drapeaux... six ans se sont écoulés ; la paix me permet de revenir près de celle que j'aime ; j'accours, je la revois, je presse dans mes bras le gage de notre union... j'étais au comble du bonheur!.. Un événement horrible...

WERNER.

O ciel! ce que l'on raconte, ce crime commis par Adèle serait-il vrai?..

## ACTE I, SCÈNE VII.

LEON.

Ah ! gardez-vous de le croire, elle est digne de toute votre pitié.

### DUO.

WERNER.
D'un noir forfait qui glace d'épouvante,
L'affreux remords la poursuit, la tourmente ;
Mais je l'ai vue éperdue et tremblante,
    Et son malheur
  A su toucher mon cœur.

LEON.
N'en croyez pas le mal qui la tourmente :
De ce forfait qui glace d'épouvante,
Ah ! je le jure, Adèle est innocente !
    De son malheur
  Moi seul je suis l'auteur.

WERNER.
Ah ! combien cet aveu m'enchante !

LEON.
Je viens détruire son erreur.

WERNER.
De ce crime elle est innocente ?

LEON.
Oui, je l'atteste sur l'honneur.
  Mais, près de nous
Est celle qui m'est chère ?...

WERNER.
  Contenez-vous.
Oui, dans cette chaumière
  Un doux repos
A suspendu ses maux.

LEON.
Rendez-moi mon Adèle.

WERNER.
Craignez d'augmenter son effroi !

LEON.
  Ma chère Adèle,
  Viens, je t'appelle ;
  Toujours fidèle,

Viens, ton époux est près de toi.
WERNER,
Douce et cruelle,
Sa voix d'Adèle
Va peut-être augmenter l'effroi.
ENSEMBLE.

| LÉON. | WERNER. |
|---|---|
| Ma chère Adèle, | Douce et cruelle, |
| Viens, je t'appelle; | Sa voix d'Adèle |
| Viens, ton époux est près de toi. | Va peut-être augmenter l'effroi. |

## SCENE VIII.

### LÉON, WERNER, ADÈLE.

### TRIO.

ADÈLE, sortant vivement du chálet.

Qui m'appelle?
LEON.
Grand Dieu! c'est elle!
WERNER, l'empêchant d'aller vers Adèle.
Ah! de grace, attendez un moment plus heureux
Pour vous offrir à ses yeux.
ADÈLE, s'avançant lentement sur les rochers.
Qui m'appelle?...
Cette voix... je croyais... Non, désirs superflus!
Je ne l'entendrai plus!
LEON, hors de lui, voulant courir vers elle.
Oui, c'est elle!
Combien je souffre, hélas! de sa peine cruelle!
ADÈLE.
Pauvre Adèle!
Ton époux repose en ces lieux!
(Elle fait quelques pas vers une pointe de rocher.)
Sur sa tombe, épouse fidèle,
Effeuille quelques fleurs et grave tes adieux.
(Elle cueille des fleurs qu'elle répand sur le rocher.)
LÉON, s'échappant des mains de Werner.
Adèle, chère Adèle!

## ACTE I, SCÈNE VIII.

ADÈLE.

Ah !

WERNER.

Ciel ! que faites-vous ?

ADÈLE.

De mon forfait malheureuse victime,
Pourquoi reviens-tu parmi nous ?
Ah ! pour punir mon crime,
Le ciel, dans son courroux,
Fait paraître à mes yeux l'ombre de mon époux !
Fuyons !

(Elle veut se sauver. Seppi et le chœur paraissent vers le châlet et lui barrent le passage.)

# SCENE IX.

FINALE.

WERNER, LÉON, SEPPI, LE Chœur.

Arrête !

ADÈLE.

Éloignez-vous !
Craignez la fureur qui m'anime ;
N'essayez pas
D'enchaîner mes pas,
Ou je cherche la mort au fond de cet abîme.

(Elle reste suspendue sur le bord du précipice. Tout le monde recule saisi de terreur.)

TOUS.

Dieu !

LEON.

Suis-je assez malheureux ?

WERNER.

Vous voyez son délire :
Ses tourmens sont affreux.
Ah ! gardez-vous de paraître à ses yeux !

CHOEUR, à demi caché et hors de la vue d'Adèle.

Craignons de paraître à ses yeux !

ADÈLE (descend du rocher ; tous évitent sa vue ; elle paraît agitée d'un tremblement convulsif.)

Où suis-je ? à peine je respire...
Quelle puissante main ébranle l'univers ?...

Quelles vapeurs tristes et sombres
Se répandent dans les airs ?...

TOUS, à demi-voix.

Pauvre Adèle !

ADÈLE.

Pourquoi ces fantômes... ces ombres ?
Sortent-ils des enfers ?
Et ces pâles éclairs !...
Le soleil voile sa lumière
A mes regards tremblans...
Au fracas du tonnerre
Je sens frémir la terre
Sous mes pas chancelans.

CHOEUR, à demi-voix.

Pauvre Adèle ! comment faire
Pour calmer sa misère,
Apaiser ses tourmens ?

ADÈLE, avec un cri d'horreur, et parcourant la scène à grands pas.

Ah ! c'est ma main meurtrière
Qui de mon père
A causé le trépas !
Et Dieu, dans sa juste colère,
Veut des éclats
De son tonnerre
Écraser les enfans ingrats.
Fuyons, car ma prière
Ne le fléchirait pas !

CHOEUR.

Affreux mystère !
Hélas ! que faire ?
Ne l'abandonnons pas.
Suivons ses pas :
Prévenons son trépas !

(Adèle, au comble du délire, s'élance sur les rochers ; tous sortent à sa poursuite.)

FIN DU PREMIER ACTE.

## ACTE SECOND.

Même décoration. Entr'acte composé de mélodies suisses. Le ciel s'obscurcit.

## SCÈNE PREMIÈRE.
### SEPPI.

(Seppi s'avance sur les rochers ; il monte sur l'une des pointes et joue un appel avec son cornet. Puis chante :)

### CHANSONNETTE.

Regagnez nos prairies,
O mes brebis chéries !
L'orage gronde sur ces monts,
Le calme est au fond des vallons.
La, la, la, loin du bois,
Mes brebis, mes agneaux accourez à la fois,
Accourez à ma voix !

(Il donne un nouveau son de cor et passe sur un autre rocher.)

De ma pauvre Jeannette
Tinte au loin la clochette !
Hâte-toi de quitter ces monts :
Le calme est au fond des vallons.
La, la, la, etc.

(Même jeu de scène.)

Et toi, fidèle guide
De leur troupe timide,
Presse leurs pas loin de ces monts :
Le calme est au fond des vallons.
La, la, la, loin du bois, etc.

(Il descend en scène.)

Allons, les voilà rassemblés... à présent, je vais les rejoindre et les conduire sous la grande roche noire pour qu'ils soient à l'abri de l'orage.

(Il sort.)

## SCENE II.

WERNER, LÉON, *plusieurs* PATRES.

LEON.

Ah! monsieur, quel spectacle douloureux! quel supplice! ne pouvoir paraître aux yeux de mon amie sans augmenter son désespoir, sans craindre d'exposer ses jours, moi, qui donnerais ma vie entière pour elle !

WERNER.

Elle est en sûreté ; nos pâtres veillent sur elle ; et sans que leur présence puisse l'inquiéter, ils suivent ses pas de manière à la préserver de tout danger.

LEON.

Elle ne peut rester plus long-temps dans ces montagnes.

WERNER.

Mais comment la contraindre à les quitter ?

LEON.

Quelle voix aura assez d'empire sur son cœur pour la persuader... elle a méconnu la mienne !

WERNER.

Ses forces sont épuisées par les souffrances ; l'abattement où elle se trouve nous sera peut-être favorable.

LEON.

Hélas! dans son affreux délire, elle peut s'échapper de nos mains, et trouver la mort au fond de ces abîmes !

WERNER.

Infortunée! comment la rendre à la raison!.. poursuivie par le souvenir d'un crime épouvantable!...

LEON.

Quoi, monsieur! malgré les assurances que je vous ai données, vous persistez à l'accuser?

WERNER.

Je voudrais la croire innocente, mais son égarement, ses remords.....

LEON.

Sont l'effet d'une fatale erreur.

WERNER.

Si j'en pouvais être certain...

LEON.

Ecoutez moi, monsieur; et vous tous aussi, qui, malgré vos soupçons, n'avez pas craint d'accorder votre pitié à celle qui m'est unie. Lorsqu'après une longue absence je revins en Suisse, Ulrich, le père d'Adèle, ignorait encore notre hymen et la naissance de notre enfant... je ne pus voir qu'en secret ces objets de mon amour... j'avais passé quelques instans délicieux auprès d'eux; un dernier baiser scellait nos adieux, quand le vieil Ulrich paraît! il croit voir sa fille dans les bras d'un séducteur; cet enfant est la preuve de son crime... dans sa fureur, il saisit une épée... mon bras pare le coup qu'il me porte; mais mon sang coule d'une légère blessure... Adèle s'élance entre nous; elle repousse le vieillard qui, déjà chancelant de fureur, va tomber sans force et sans mouvement, en maudissant sa fille!.. à ce spectacle terrible, Adèle reste glacée d'effroi; sa raison s'égare, elle pousse des cris horribles; et, s'accusant d'un double meurtre, elle fuit avec son enfant la maison paternelle et vient chercher un asile au fond de ces déserts.

WERNER.

Et ce vieillard a-t-il donc succombé à tant d'émotions?

LEON.

Je fus assez heureux pour le rappeler à la vie, j'ai même l'espoir qu'il ne refusera point de pardonner à sa fille ; mais mon inquiétude était trop grande pour que je pusse demeurer près de lui, et je l'ai quitté pour voler sur les traces d'Adèle.

WERNER.

Votre récit a banni mes craintes ; et je conçois un projet.... ( *aux pâtres.* ) appelez Seppi.

LEON.

Que voulez-vous faire ?

WERNER.

Me rendre à Glaris, voir le père d'Adèle, implorer le pardon de sa fille, et, si ses forces le lui permettent, l'engager à venir lui-même seconder vos efforts.

LEON.

Ah ! qu'il prononce seulement ces mots : je te pardonne, et nos malheurs seront finis.

## SCENE III.

LES PRÉCÉDENS, SEPPI.

SEPPI.

Vous m'avez demandé, M. Werner ?

WERNER.

Oui ; tu vas rester près de monsieur, et tu lui rendras tous les services qui dépendront de toi pendant mon absence.

SEPPI.

Pendant votre absence ?

WERNER.

Je vais à Glaris ; mais je serai bientôt de retour.

SEPPI.

Y pensez-vous, M. Werner ?... Regardez donc

là-bas, quels nuages.... un orage nous menace.
#### WERNER.
N'importe, il faut partir.... Que quelques-uns d'entre vous me suivent?
#### SEPPI.
C'est que bientôt les chemins seront peut-être coupés par les torrens.
#### WERNER.
Un instant de retard pourrait être funeste. (*à Léon.*) Allons, monsieur, du courage! vous avez cruellement expié votre faute... L'instant du bonheur n'est peut-être pas éloigné.

### TERZETTO.
#### WERNER, SEPPI, LEON.
Conservons l'espérance,
Sa douleur passera,
Et du ciel la clémence
A nos vœux la rendra.
#### WERNER.
Pauvre fleur, le vent de l'orage
A courbé ton front radieux!
Relève-toi, reprends courage,
Tu peux encor charmer nos yeux.
#### ENSEMBLE.
Conservons l'espérance, etc.
#### SEPPI.
Nous la verrons dans nos campagnes
Partager nos jeux, nos travaux;
Ses chants joyeux de nos montagnes
Charmeront encor les échos.
#### ENSEMBLE.
Conservons l'espérance, etc.
#### LEON.
Oui, chère Adèle, plus d'alarmes!
Apaise d'injustes remords :
Tant de souffrances, tant de larmes
Doivent effacer bien des torts.

LÉON, WERNER, SEPPI et le CHOEUR.

Conservons l'espérance,
Sa douleur passera,
Et du ciel la clémence
A nos vœux la rendra.

(Werner sort suivi de quelques bergers.)

## SCENE IV.

### LÉON, SEPPI, CHOEUR.

SEPPI, appelant Léon.

Pchit! pchit!... Monsieur... regardez donc!

LEON.

Ah! c'est Adèle!...

SEPPI.

Elle vient de ce côté.

LEON.

Elle paraît tranquille.

SEPPI.

Tenez... pardon, si je me permets de vous donner un avis...

LEON.

Parle!

SEPPI.

Il y aurait peut-être un moyen de lui apprendre la vérité sur tout ce qui s'est passé.

LEON.

Si l'on pouvait y parvenir, son délire cesserait sans doute.... Mais comment s'y prendre? elle ne peut supporter ma vue.

SEPPI.

Voici, je crois, ce qu'il faut faire... Profitant de ce moment où elle est paisible, nous allons nous approcher d'elle; vous, vous resterez à l'écart; nous

## ACTE II, SCÈNE IV.

l'interrogerons, nous la forcerons à nous faire le récit de ces tristes événemens...

LÉON.

Et peut-être se retraceront-ils mieux à son esprit... elle vient... retirons-nous.

## SCENE V.

### LÉON, SEPPI, ADÈLE, CHOEUR.

( Léon, Seppi et le chœur s'éloignent de la vue d'Adèle ; elle arrive lentement, elle tient une rose des Alpes à la main et l'effeuille d'un air mélancolique. )

ADÈLE.

### ROMANCE.

Aux vents abandonnée,
Je te voyais languir :
Telle est ma destinée,
Seule je dois gémir.

Éclose avec l'aurore,
Le soir doit te flétrir...
Attends, attends encore,
La mort va nous unir.

Oui, mon sort va s'adoucir,
Et tous mes maux vont finir.

Mon cœur, rose jolie,
Te perd sans désespoir,
Comme on quitte une amie
Qu'on doit bientôt revoir.

(Elle a défeuillé la rose, elle en jette la tige loin d'elle, en lui disant adieu. Le chœur, pendant la romance, s'est approché peu à peu. Adèle est allée s'asseoir sur un fragment de rocher, elle tourne la tête et aperçoit les pâtres.)

ADÈLE, effrayée.

Ciel !... que vois-je ?... quoi ! c'est vous,
Vous, barbares ?... Fuyez tous !
Vous riez de mon martyre !

Qu'à l'instant on se retire...
(On fait avancer Clarence vers elle.)
Ou, victime de mon délire,
A vos yeux cet enfant expire !
(Elle prend sa fille et l'enlève avec rage; quelques pâtres s'approchent pour l'arracher de ses mains.)

CHOEUR.

D'un crime tu vas te souiller :
Dieu punit le meurtrier.
(Adèle laisse aller l'enfant et demeure immobile.)
ADÈLE, d'une voix suppliante et avec désespoir.

Hommes, que voulez-vous?...
J'ai fui votre présence :
Du désert le silence
A mes maux semblait doux.
(Se jetant à leurs pieds.)
Souffrez que loin de vos atteintes,
A l'écho je dise mes plaintes
Dans ce lieu de terreur...
Ah! laissez-moi ce bonheur!...
(Se relevant.)
Ou redoutez ma fureur !

SEPPI.

Bannis ta crainte, pauvre femme !
Dis-nous la cause de tes maux;
Et peut-être à ton ame
Nous allons rendre le repos.
ADÈLE, après un moment de silence.

O ciel ! Adèle te comprend !
Il me manquait ce tourment...
Il faut dire toute ma honte :
De moi voilà ce qu'on attend.

CHOEUR.

Écoutons : elle surmonte
Et sa douleur et sa honte.
Écoutons ce qu'elle raconte.
(Elle s'assied, les bergers et les chasseurs l'entourent, Léon et Seppi sont un peu éloignés.)
ADÈLE, péniblement et cherchant à rassembler ses idées.

Près de Zurich coulaient en paix mes jours...
Des soldats sont venus... j'appelle à mon secours...
Léon accourt... mon cœur fut à lui pour toujours...

## ACTE II, SCÈNE V.

Doux instans d'amour et d'ivresse,
Hélas! trop courts!
 LEON, à demi-voix, aux bergers.
Hélas! trop courts!
De l'aimer à jamais je lui fis la promesse;
Mais de nos sentimens
Son père blâmait la tendresse.
Le ciel, dont la bonté pardonne aux vrais amans,
Seul reçut nos sermens.
 LE CHOEUR.
Le ciel, dont la bonté pardonne aux vrais amans,
A reçu vos sermens.
 ADÈLE.
Tremblante auprès de mon père,
Je redoutais sa rigueur,
Lorsqu'enfin je devins mère...
Mère! ô nom plein de douceur!
(Avec expression.)
Gage d'amour, de bonheur,
Mon enfant est sur mon cœur,
Il a calmé ma douleur!
 LEON et SEPPI, à part.
Gage d'amour, de bonheur,
Son enfant est sur son cœur,
Il a calmé sa douleur!
 ADÈLE, s'animant peu à peu.
Un jour mon père accourt vers nous...
Il voit ma fille et mon époux:
A cet aspect, dans son courroux,
Il s'arme... Arrête!... Ah!... plus de père! d'époux!
 CHOEUR.
Plus de père! plus d'époux!
 ADÈLE. (Sa raison s'égare; elle pleure.)
Fille, épouse trop coupable,
A moi-même en horreur,
Le désespoir qui m'accable
A déchiré mon cœur.
 LEON, aux bergers.
Elle se croit coupable,
Dans sa funeste erreur;
Le désespoir qui l'accable

A déchiré son cœur.
ADÈLE, tout-à-fait en délire, se levant.
Du monde à jamais proscrite,
Vers ces lieux j'ai pris la fuite...
Pour moi plus d'avenir :
A son dernier soupir
(Avec force.)
Mon père m'a maudite !

( Adèle tombe sur le banc et reste plongée dans un morne désespoir. Léon conçoit le projet de la désabuser ; il parle bas à Seppi, fait éloigner les paysans qui entourent Adèle, et se place derrière un rocher, d'où il chante ce qui suit. Suivi de quelques pâtres, Seppi se retire sur les rochers. )

LEON.
Pauvre Adèle, que l'espérance
Rende un peu de calme à ton cœur.
Si Dieu, dans sa juste vengeance,
Punit le crime qui l'offense,
Il doit ses secours au malheur.

( Adèle écoute et cherche à deviner d'où part cette voix : elle paraît vivement émue. )

LEON, continuant.
Tu reverras ton père.
CHOEUR.
Tu reverras ton père.
LEON.
Et bientôt son pardon
Finira ta misère.
CHOEUR.
Oui, son pardon
Finira ta misère.
LEON.
Ne crains plus l'abandon ;
Abjure ton délire :
Pour toi Léon respire.
ADÈLE, avec l'accent de la plus vive émotion.
Léon !... Léon !...
( Elle se lève et paraît prête à verser des larmes. )
LEON, toujours caché.
Qu'un nouveau jour t'éclaire !
CHOEUR.
Qu'un nouveau jour t'éclaire !

## ACTE II, SCÈNE V.

LEON.

Ta fille, ton époux
Peuvent jouir encor du destin le plus doux.

CHOEUR.

Du destin le plus doux.

ADÈLE, *d'une voix entrecoupée.*

Quel... ange... tutélaire,
Par ses heureux efforts
Vient calmer mes remords?

(Avec joie.)

Un nouveau jour m'éclaire;
Ma fille, mon époux,
Mon père! ah! que ne puis-je embrasser ses genoux!

(Elle tombe à genoux.)

Un nouveau jour m'éclaire;
Ma fille, mon époux,
Mon père! ah! que ne puis-je embrasser ses genoux!

LEON et le CHOEUR.

Tu reverras ton père.
Ta fille, ton époux
Peuvent jouir encor du destin le plus doux!

(Nuit.)

LEON, *retenu par quelques pâtres.*

Elle m'est rendue! Ah! laissez-moi la presser sur mon cœur!

(Il va s'élancer vers Adèle.)

## SCENE VI.

LES PRÉCÉDENS, SEPPI *accourant avec précipitation.*

SEPPI, à Léon.

Voici bien un autre événement! J'étais allé jusqu'à la roche noire pour voir si j'apercevrais le bon monsieur Werner, lorsque j'ai vu.... et les camarades ont pu les voir comme moi, des soldats qui se dispersaient dans la montagne.

LEON.

Des soldats!

SEPPI.

Oui, et ils regardent partout comme s'ils cherchaient quelqu'un.

LEON.

Et qui penses-tu?...

SEPPI, montrant Adèle.

Dame!...

LEON.

Adèle!

SEPPI.

Écoutez donc, si quelqu'un a été reporter les discours qu'elle tient, il est très possible que le conseil du canton la croie coupable.... Nous l'avions bien cru, nous!

LEON.

Et l'on aurait donné l'ordre?...

SEPPI.

De l'arrêter!

LEON.

Grand Dieu! si ces soldats paraissent à ses regards, ils ranimeront sa fureur : elle ne supportera pas cette nouvelle épreuve!...

SEPPI.

Comment faire?

LÉON.

Je cours au-devant d'eux; je parlerai à l'officier qui les commande, et sans doute il ne sera point sourd à mes prières.

SEPPI, désignant la gauche.

Montez par là, suivez le petit sentier de la roche noire : ils étaient tout à l'heure sur le plateau d'Elberg, et vous pourrez les rejoindre, à moins qu'ils n'aient pris le chemin des glaciers.

LEON, près de disparaître.

Veillez bien sur Adèle!

## ACTE II, SCÈNE VI.

( Un coup de tonnerre violent se fait entendre. )

ADÈLE, qui s'était replacée sur le banc, et dont la figure était devenue riante, jette un cri d'effroi.

Ah !

## SCENE VII.

LES PRÉCÉDENS, SOLDATS.

( Les soldats paraissent sur le sommet de la montagne.

LES BERGERS ET LES SOLDATS.
Écoutez le tonnerre !
Ce terrible mystère
D'un Dieu juste et sévère
Excite la colère.

ADÈLE, tout-à-fait en délire.
Les morts vont venir sur la terre !

SEPPI et les BERGERS.
O Dieu juste et sévère,
Écoute ma prière ;
Que ta bonté l'éclaire ;
Apaise ta colère !

ADÈLE.
Aux éclats du tonnerre,
Ils viendront sur la terre ;
J'entends l'arrêt sévère
Que porte leur colère.

( Elle aperçoit les soldats qui s'avancent vers elle. )

Mais l'acier étincelle !...
Grand Dieu ! je me rappelle...
Une troupe cruelle
D'une honte éternelle
Voulait flétrir Adèle...
Oui... oui, je me rappelle...
Une troupe cruelle...
Elle accourt vers Adèle...

SEPPI et les BERGERS d'un côté, les SOLDATS sur les rochers.
Mais sa douleur cruelle,
Hélas ! se renouvelle.

Ils vont
Il faut } s'emparer d'elle !

(Adèle veut fuir ; les soldats descendent des rochers et s'opposent à son passage. Les bergers reculent effrayés.

LES SOLDATS.

Reste! aux lois il faut obéir.
Aux juges viens t'offrir ;
Ils doivent te punir.
Tu ne saurais plus fuir.
(Ils lui présentent un voile.)
Si la honte ou le repentir,
Malheureuse, te fait rougir,
Prends ce voile pour en couvrir
Ton front qu'un arrêt va flétrir.
Allons, allons, il faut partir.

ADÈLE, avec fureur, déchirant le voile.

Cher Léon, je t'appelle!
Viens défendre ton Adèle...
A sa voix sois encor fidèle!

## SCENE VIII.

LES PRÉCÉDENS, LÉON.

LEON sur les rochers.
Arrêtez!
ADÈLE, avec transport, reconnaissant la voix de Léon.
Quels accens! grands dieux!
C'est lui! lui dans ces lieux!
L'espoir déjà brille à mes yeux.
Oui, son cœur généreux
Entend mes vœux!
(Elle court vers Léon.)
LEON descendant des rochers.
Soldats, retirez-vous!
ADELE, avec force.
O ciel! toi qui grondes sur nous,
Redouble encor ton courroux :
Je puis braver jusqu'à tes coups.
(Se précipitant dans les bras de Léon.)

Dans les bras de mon époux!
(Coup de tonnerre. Elle tombe évanouie. Cri général.)
(Jour.)

LEON.

Mon Adèle!.. elle est évanouie!

SEPPI.

Voilà M. Werner! il a sans doute quelque heureuse nouvelle car il s'empresse d'arriver.

Tous les BERGERS appelant.

M. Werner! M. Werner!

## SCENE IX.

LES PRÉCÉDENS, WERNER, PATRES.

WERNER, entrant vivement, un papier à la main.

Eloignez vous, soldats! le conseil du canton vous l'ordonne.

LEON.

Ah! monsieur, venez partager ma joie et mon inquiétude... sa raison paraissait revenue... elle m'avait nommé son époux; mais hélas! elle n'a pu résister à la violence de ses émotions.

WERNER.

Cette crise sera peut-être favorable... j'ai trouvé son père à Glaris; il s'accusait lui-même des malheurs de sa fille... le conseil instruit de la vérité a révoqué ses ordres, et je suis accouru espérant prévenir ce fatal événement.

LEON, qui n'a pas cessé de prodiguer des soins à Adèle.

O bonheur! ses yeux se sont ouverts... sa main a pressé la mienne... mon Adèle!

ADÈLE, revenant à elle peu à peu.

Ah! Léon!.. ma fille! (*elle les serre dans ses bras, elle se lève et frémit.*) mais... mon père...!

WERNER.

Il attend sa fille... ses bras lui sont ouverts.

ADÈLE, vivement.

Mon père! (*se jetant à genoux..*) ô mon Dieu! je te remercie!

WERNER, étendant les mains sur elle.

Par ma voix ton père te bénit!

(Elle prie un moment, puis se relève et tombe dans les bras de Léon.)

CHOEUR GÉNÉRAL.

Adèle enfin espère
Un sort plus fortuné,
A la voix de son père
Le ciel a pardonné.

FIN DU DEUXIÈME ET DERNIER ACTE.

www.ingramcontent.com/pod-product-compliance
Lightning Source LLC
Chambersburg PA
CBHW060718050426
42451CB00010B/1501